www.kidkiddos.com
Copyright©2013 by S. A. Publishing ©2017 by KidKiddos Books Ltd.
support@kidkiddos.com

All rights reserved. No part of this book may be reproduced in any form or by any electronic or mechanical means, including information storage and retrieval systems, without written permission from the publisher or author, except in the case of a reviewer, who may quote brief passages embodied in critical articles or in a review.
First edition

Translated from English by Anna Laursen
Dansk tekst: Anna Laursen

Library and Archives Canada Cataloguing in Publication
I Love to Sleep in My Own Bed (Danish English Bilingual Edition)/ Shelley Admont
ISBN: 978-1-77268-250-2 paperback
ISBN: 978-1-77268-600-5 hardcover
ISBN: 978-1-77268-249-6 eBook

Please note that the Danish and English versions of the story have been written to be as close as possible. However, in some cases they differ in order to accommodate nuances and fluidity of each language.

Til dem jeg elsker mest-S.A.
For those I love the most-S.A.

Jimmy var en en lille kanin. Han boede med sin familie ude i skoven. Der var Jimmy, sin mor og far og sine to storebrødre. De boede i et smukt hus.

Jimmy, a little bunny, lived with his family in the forest. He lived in a beautiful house with his mom, dad, and two older brothers.

Jimmy brød sig ikke om at sove i sin egen seng. En aften børstede han som altid sine tænder inden han skulle sove. Men før han gik i seng spurgte han sin mor, "Mor, må jeg godt sove hos dig? Jeg kan ikke li' at sove i min seng alene".

Jimmy didn't like to sleep in his own bed. One night, he brushed his teeth and before going to bed, he asked his mom, "Mom, can I sleep in your bed with you? I really don't like sleeping in my bed alone."

"Søde skat", sagde mor, "alle har deres egen seng, og din seng passer lige til dig".

"Sweetie," said Mom, "everyone has his own bed, and your bed suits you just right."

"Men Mor, jeg kan slet ikke li' min seng", sagde Jimmy. "Jeg vil sove i din seng".

"But, Mom, I don't like my bed at all," answered Jimmy. "I want to sleep in your bed."

"Hør så hvad vi gør", sagde mor, "hvis du nu kravler i seng, så kommer jeg og putter dig og læser en historie for dig og dine brødre. Så kysser jeg dig godnat, og så sidder jeg hos dig indtil du sover".

"Let's do this," said Mom, "you get into your bed, and I'll hug you, tuck you in, and read you and your brothers a story. Then, I'll give you a kiss and sit with you until you fall asleep."

Mor gav Jimmy et knus og læste en godnathistorie for sine tre børn. Mens hun læste faldt de alle tre i søvn.

Mom hugged Jimmy and read a bedtime story to her three children. During the story, the children fell asleep.

Mor gav dem hver et godnatkys og gik til ro i sin egen seng, som stod i hendes eget værelse.

Mom gave all of them a goodnight kiss and went to sleep in her bed in her room.

Midt om natten vågnede Jimmy. Han satte sig lige op i sengen, kiggede sig rundt, og så at mor ikke var der.

In the middle of the night, Jimmy woke up. He sat up in bed, looked around, and saw that Mom wasn't next to him.

Så stod han ud af sengen, tog sin pude og sit tæppe, og listede sig lige så stille ind til mor og far. Jimmy kravlede op i sengen, puttede sig hos mor og faldt i søvn.

Then, he got out of bed, took his pillow and blanket, and sneaked quietly into Mom and Dad's room. Jimmy got into their bed, hugged Mom, and fell asleep.

Natten efter vågnede Jimmy igen. Han tog sin pude og sit tæppe og ville liste ud af værelset ligesom natten før. Men lige i det samme vågnede den mellemste bror.

The next night, Jimmy woke up again. He took his pillow and blanket, and tried to leave the room like the night before. But just then, his middle brother woke up.

"Jimmy, hvor skal du hen?" spurgte han.

"Jimmy, where are you going?" he asked.

"Ehmm, øehh", mumlede Jimmy, "ingen steder. Bare sov videre".

"Ah, ahh...," Jimmy stuttered, "nowhere. Go back to sleep."

Og så løb han hurtigt hen til sin mors og fars værelse. Jimmy listede sig op i deres seng og lod som om han sov.

He quickly ran to his mom and dad's room. He sneaked into their bed and pretended to sleep.

Men den mellemste bror var lysvågen. Da han opdagede at Jimmy lå og sov i mors og fars seng, blev han godt gal.

But his middle brother was wide awake. When he discovered that Jimmy was sleeping in their mom and dad's bed, he was very upset.

"Så det er sådan det går til, hva'?", tænkte han. "Hvis Jimmy må, så vil jeg også ha' lov". Og så krøb han også op i mors og fars seng!

So that's the way it is, is it? he thought. *If Jimmy is allowed, then I want to also.* With that, he got into their parents' bed as well!

Mor hørte de uvante lyde. Hun åbnede øjnene og så de to børn i sengen. Hun gjorde plads til dem, og selv lagde hun sig helt ude i den ene side af sengen.

Mom heard the strange noises, opened her eyes, and saw the two children in bed. She made room for them in the bed, by making do with a small corner of the bed for herself.

Og så sov de sådan hele natten, indtil det blev morgen.

Again, they slept like that the whole night until the morning.

Den næste nat gik det på samme måde. Jimmy vågnede, tog pude og tæppe og gik ind til sine forældre.

On the third night, the same thing happened. Jimmy woke up, took his pillow and blanket, and went to his parents' room.

Hans bror fulgte efter ham igen og krøb op i sengen med sin pude og sit tæppe, men denne gang vågnede også den ældste bror.

His brother followed him again and got into their parents' bed together with his pillow and blanket. But this time, the oldest brother also woke up.

"Hmm, hvad mon der er på færde?"; tænkte han ved sig selv og fulgte efter sine to små brødre til mors og fars værelse.

Something's not right here, he thought to himself and followed his two younger brothers to Mom and Dad's room.

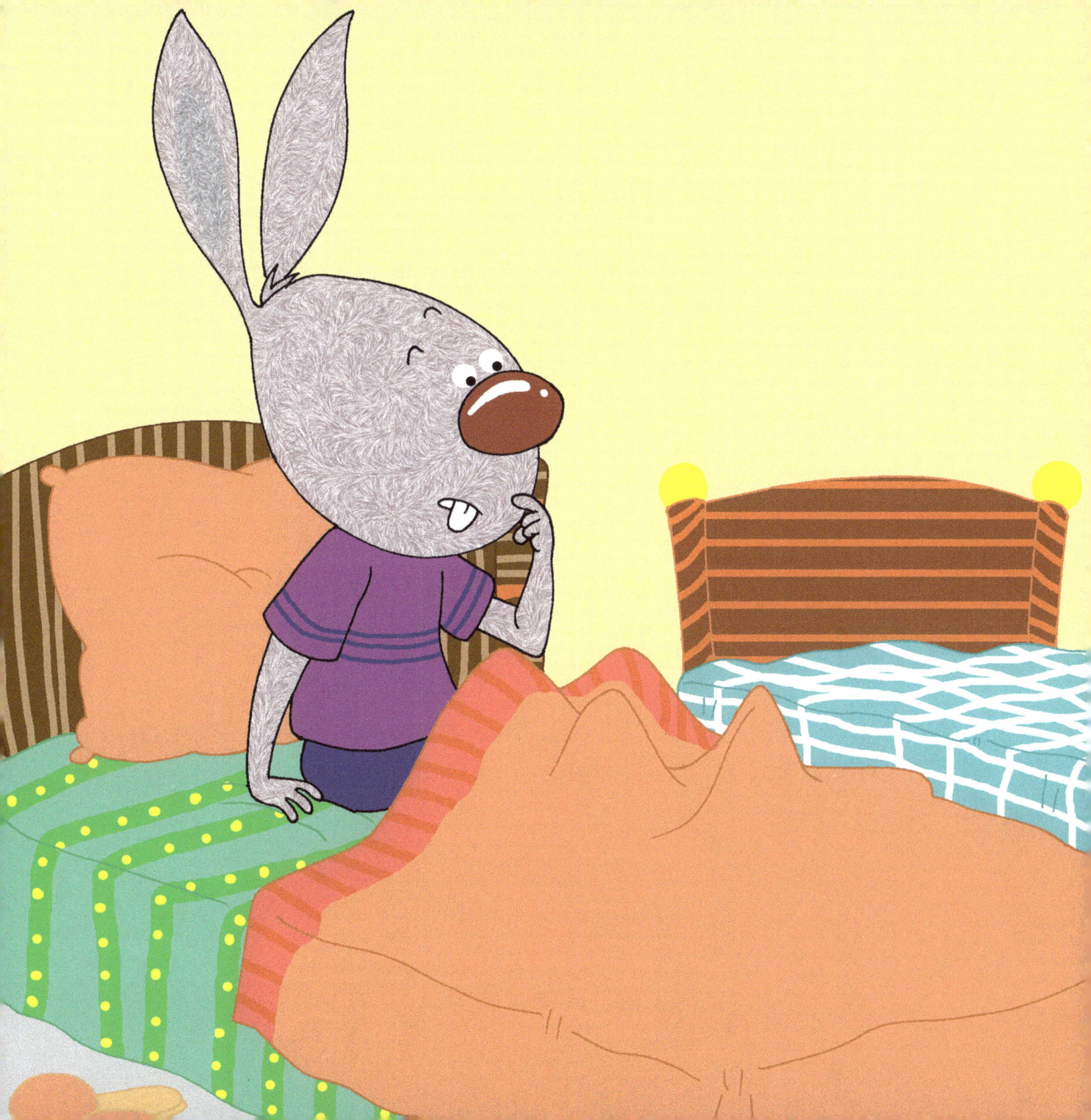

Da den ældste bror så sine to små brødre sove i sengen hos mor og far blev han helt jaloux.

When he saw his two brothers sleeping together with Mom and Dad, he was very jealous.

"Jeg vil også sove i mors og fars seng", tænkte han, og kravlede lige så stille op i sengen.

I also want to sleep in Mom and Dad's bed, he thought and quietly jumped into the bed.

Sådan sov de hele natten igennem. Det var faktisk slet ikke behageligt! mor og far fik slet ikke sovet den nat. De vendte og drejede sig for at finde den bedste måde at ligge på.

They slept like this the whole night. It was really uncomfortable. Mom and Dad didn't rest the whole night. Tossing and turning, they tried to find the most comfortable way to sleep.

Det var nu heller ikke så let for de små kaninunger. De rullede rundt i sengen, først om på den ene side, så den anden, lige indtil det næsten var blevet morgen.

It wasn't easy for the little bunnies either. They turned over and over in the bed until it was almost morning.

Så pludselig!... Knæææk!... BOMMM! ...sengen faldt helt fra hinanden!

Then suddenly...Boom! ...Bang! ...the bed broke!

"Hov, hvad var det?", udbrød Jimmy, som vågnede med det samme.

"What happened?" Jimmy shouted as he woke up right away.

"Åhh, hvad skal vi nu gøre?", sagde mor trist.

"What are we going to do now?" said Mom sadly.

"Vi må se at få bygget en ny seng", sagde far. "Efter morgenmaden tager vi ud i skoven og går i gang".

"We'll have to build a new bed," Dad announced. "After breakfast, we'll go to the forest and start working."

Efter morgenmaden tog hele familien i skoven for at bygge en ny seng.

After breakfast, the whole family went to the forest to build a new bed.

Efter en hel dags arbejde havde de fået bygget en stor, solid seng af træ. Nu manglede den kun at blive malet.

After a whole day's work, they had made a big, strong bed out of wood. The only thing left to do was decorate it.

"Vi vil male vores seng brun og mens vi maler vores seng, så kan I male jeres egne senge lige den farve I har lyst til" sagde mor.

"We've decided to paint our bed brown," said Mom, "and while we're painting our bed, you can repaint your beds whatever colors you like."

"Jeg vil male min blå", sagde den ældste bror begejstret og foret afsted for at male sin seng blå.

"I want blue," said the oldest brother with excitement and ran to paint his bed blue.

"Og jeg vælger farven grøn", sagde den mellemste bror glad.

"And I choose the color green," said the middle brother happily.

Jimmy valgte farverne rød og gul. Han blandede den gule og den røde farve til sin yndlingsfarve... **orange!**

Jimmy took the color red and the color yellow. He mixed the red with the yellow and made his favorite color...**orange**!

Han malede sin seng med den orange farve og dekorerede den med røde og gule stjerner.

He painted his bed orange and decorated it with red and yellow stars.

Da han var færdig, løb han hen til mor og råbte stolt: "Mor, kom og se min flotte seng!". Jeg er så glad for min seng. Jeg vil sove i den hver nat!".

After he finished, he ran to Mom and proudly shouted, "Mom, look at my beautiful bed! I love my bed so much. I want to sleep in it every night."

Mor smilede og gav Jimmy et stort knus.

Mom smiled and gave Jimmy a big hug.

Og lige siden den dag har Jimmy sovet i sin orange seng hver nat.

Ever since then, Jimmy has slept in his orange bed every night.

Godnat, Jimmy!
Goodnight, Jimmy!

www.ingramcontent.com/pod-product-compliance
Lightning Source LLC
Chambersburg PA
CBHW051300110526
44589CB00025B/2900